Math 2 Kids

COMPARANDO

BILINGUAL MATH LESSON (Spanish –English)

Un cuento bilingüe (Español – English) que de una manera divertida enseñará a los niños el concepto matemático de mayor que y menor que. Una manera divertida de aprender el mismo concepto en dos idiomas.

Hoy vamos a conocer dos nuevos signos que se utilizan en Matemáticas : el signo "mayor que" y el signo "menor que".

Today we are going to know two new signs that are used in Mathematics: the "greater than" sign and the "less than" sign.

El signo "mayor que" se utiliza para indicar que una cosa es más grande que otra. La punta del signo apuntará siempre a la cosa que es más pequeña.

The sign "greater than" is used to indicate that one thing is greater than another. The tip of the sign will always point to the thing that is smaller or less value.

Mientras que el signo "menor que" se utiliza para indicar que una cosa es más pequeña que otra cosa. La punta del signo señalará siempre a la cosa que es más pequeña o de menor valor.

While the sign "less than" is used to indicate that one thing is less than another thing. The tip of the sign will always point to the thing that is smaller or less value.

Para que aprendan cómo se usan estos signos vamos a ver algunos ejemplos usando frutas dijo Mily:

¿ Qué fruta es más grande una piña o una manzana?

La Número Dos contestó: una piña es más grande que una manzana.

¡ Muy bien Número Dos !

Para señalar esto colocaremos el signo en medio de las 2 cosas que estamos comparando, y la punta del signo señalará siempre a la cosa que es más pequeña.

To learn how to use these signs, let's see some examples using fruits, said Mily:

Which fruit is bigger, a pineapple or an apple?

Number Two answered: a pineapple is bigger than an apple.

Very good Number Two!

To indicate this we will place the sign in the middle of the 2 things we are comparing, and the tip of the sign will always point to the thing that is smaller.

Para indicar que un limón es más pequeño que una manzana usamos el signo de la siguiente forma.

To indicate that a lemon is smaller than an apple we use the sign as follows.

Ahora ¿ quién me puede dar un ejemplo usando animales ?
 Y el Número Tres dijo: "una vaca es más grande que un
cerdo".

Now, who can give me an example using animals?
And Number Three said, "a cow is bigger than a pig."

Í Excelente Número Tres !
Y la Número Cuatro dijo: " y una gallina es más pequeña que un cerdo".

Excellent Number Three!
And Number Four said: "and a hen is smaller than a pig."

¡ Muy bien dijo la maestra ! .
 " Ahora vamos a jugar el juego de mayor que y menor que .
Números nones elijan una pareja entre los números pares."

Very well said the teacher!
 "Now we are going to play the game of greater than and less than.
Odd numbers choose a partner among the even numbers. "

AY 2010
W TH F S
4 5 6 7
11 12 13 14
18 19 20 21
>

Yo, el Número Uno escogí a mi amiga la
Número Dos,.........
el Número Nueve optó por la Número Ocho,.......
El número Tres eligió a su amiga la Número Cero.....,
El número Siete prefirió a la Número Cuatro y
el Número Cinco seleccionó a la Número Seis.

I, Number One, chose my friend Number Two, ...
Number Nine opted for Number Eight, ...
Number Three chose her friend Number Zero... ..,
Number Seven preferred Number Four and
Number Five selected Number Six.

Luego la maestra Mily nos pidió a los números nones que le dijéramos sí eramos de mayor o menor valor que la pareja que habíamos elegido.
El Número Uno es de menor valor que la Número Dos. Por eso el pico del signo apunta hacia el Número Uno que es más pequeño.

Then the teacher Mily asked the odd numbers to tell her if we were of greater or lesser value than the pair we had chosen.
Number One is of less value than Number Two. That is why the peak of the sign points towards Number One which is smaller.

AY 2010
W TH F S
4 5 6 7
11 12 13 14
18 19 20 21
1 < 2
1 < 2

El Número Nueve es mayor que
la Número Ocho.

Number Nine is greater
than Number Eight.

9 > 8

El Número Tres es mayor que
la Número Cero.

Number Three is greater
than Number Zero.

AY 2010
W TH F S
4 5 6 7
11 12 13 14
18 19 20 21
3 > 0
>

El Número Cinco es menor
que la Número Seis

Number Five is less
than Number Six

5 < 6

Y el Número Siete es mayor
que la Número Cuatro

And Number Seven is greater
than Number Four

7 > 4

Una vez que todos los números nones habíamos participado la maestra Mily nos dijo: " ahora cambien todos de pareja."
¡ Y yo escogí a la maestra como mi pareja y todos los números corrieron a escoger a nuestra maestra Mily como su pareja !.

Once all the odd numbers we had participated, the teacher Mily told us: "Now everyone changes partners." And I chose the teacher as my partner and all the numbers ran to choose our teacher Mily as a partner!

Y Milly nos dijo: " Mejor alistense para ir a recreo, continuaremos con este juego alla.

And Mily told us: "Better get ready to go to recess, we will continue with this game there.

AY 2010
W TH F S
4 5 6 7
11 12 13 14
18 19 20 21
6
>

İ Y todas las unidades brincamos
de alegría !

And all the units jumped
of happiness!

Y yo le dije: " maestra mi deseo de jugar en el parque es mayor que que mi deseo de jugar en la clase"

And I told Mily: "Teacher, my desire to play in the park is greater than my desire to play in class."

Y la Número Ocho dijo: " mi deseo de ir a comer es mayor que ir a jugar en el parque porque tengo mucha hambre. " Y todos nos reimos

FIN

And Number Eight said: "My desire to go eat is greater than play in the park because I am very hungry." And we all laugh.

END

www.ingramcontent.com/pod-product-compliance
Lightning Source LLC
Chambersburg PA
CBHW042102110726

48006CB00002B/500